LETTRE

DE M. JOLY DE St. VALLIER,

LIEUTENANT-COLONEL D'INFANTERIE.

LETTRE

A M. JOLY DE St. VALLIER,

LIEUTENANT-COLONEL D'INFANTERIE,

Sur son HISTOIRE RAISONNÉE des Opérations militaires de la derniere Guerre. *A Liege*, 1783. I. Vol. in-8°.

IL s'en faut bien, Monsieur, que votre Livre remplisse ce que promet son titre. Une *Histoire* est un tableau fidéle des événemens qui se sont passés dans un période de tems, sans en omettre d'essentiels à leur ensemble & sous leur vraie date. Une *Histoire raisonnée* explique de plus les causes des mêmes événemens, & elle entre dans leurs principaux détails.

Vous faites l'aveu dans plusieurs endroits de votre Livre, (pages 104, 107 & autres) que vos observations *ne sont que hasardées;* d'où il suit que partie de votre Histoire au lieu d'être *raisonnée* n'est que *hasardée.*

Vous vous étendés avec une complai-

(4)

fance marquée fur certains événemens
de la Guerre , & vous femblés éviter
les détails de certains autres quelquefois
plus importants ; d'autres fois vous
taifés abfolument tous les faits , ou bien
vous vous abftenés de toute efpece de
détail. Ainfi votre Ouvrage eft plutôt
un *Difcours* qu'une *Hiftoire*. Car les
faits que vous racontés , font la plûpart
fans date , & fouvent inexacts ou altérés.

Le détail va vous convaincre que
ma critique n'eft pas exagérée. Les
événemens de la derniere Guerre font
trop récents pour que le Public fe
méprenne à la vérité de ma cenfure.
Je rapporterai fidélement vos propres
expreffions en lettres italiques, ou avec
des » » » , afin qu'on ne foit pas obligé
d'avoir votre Livre fous les yeux, pour
juger entre vous & moi; ou quand cela
fera trop long , je donnerai le précis
de l'endroit de votre Livre que je com-
batrai en indiquant les pages. Ainfi le
Public , & les Perfonnes recommanda-
bles que vous avés nommées, ne pourront
pas penfer que j'ai voulu vous nuire.

Je commence :

Votre Hiftoire jufqu'à la page 19,

blâme les opérations du Général Howe, & difculpe le Général Bourgoyne de la capitulation qu'il fut forcé de foufcrire à *Saratoga* ; vous faites auffi la critique la plus forte des projets de leur campagne, fans expliquer ce qu'ils avoient de mieux à faire. Ce n'eft pas que vous n'euffiés des projets meilleurs à votre avis, car il paroît par une note de la page 16, *qu'obligé pour vivre, d'aller offrir vos fervises à une Puiffance étrangere, vous aviés choifi l'Angleterre. . . . Et les Miniftres d'Angleterre ne peuvent vous refufer la juftice d'avouer que fi vous aviés été écouté, les affaires de leur patrie feroient fur un tout autre pied qu'elles ne font aujourd'hui.* Mais aujourd'hui que la paix eft faite, aujourd'hui que vous publiés une Hiftoire raifonnée de la derniere Guerre, & que vous ne fûtes pas écouté, c'étoit le cas de faire part au Public de vos plans de conquêtes en faveur de l'Angleterre. Car ce que vous avés écrit, peut prouver que les projets pour conquérir l'Amérique Septentrionale étoient défectueux ; mais votre Hiftoire, pour être véritablement raifonnée, devoit prouver que cette conquête étoit poffible.

Vous dites (page 21) que le Général Clinton se preſſa en 1778 d'évacuer Philadelphie, de peur que ſa communication avec New-Yorck ne fut coupée par l'Eſcadre aux ordres de M. le Comte d'Eſtaing, & que *tout le monde eſt d'accord que dans ſa retraite, le Général Clinton eût été fait priſonnier avec les Troupes à ſes ordres, ſans la faute que fit un Général Américain.* Il me ſemble qu'on eſt un peu plus d'accord que cet événement étoit immanquable, ainſi que la priſe de l'Eſcadre Angloiſe qui deſcendit *la Delaware*, ſi la Françoiſe n'eût pas mis quatre-vingt-huit jours dans ſa traverſée de Toulon à l'embouchure de cette Riviere. C'étoit donc le cas de dire ici, plus à propos que vous ne l'avés fait à la page 62 : *le ſort de cette Guerre étoit certainement entre les mains de M. le Comte d'Eſtaing.*

Vous faites commander en 1780 l'Eſcadre Françoiſe ſtationnée à New-port en Rhodiſland par M. le Comte de Barras. Elle l'étoit par M. le Chevalier de Ternay. Il y mourut, & M. le Comte de Barras n'en prit le commandement qu'en 1781.

Le projet de la campagne de 1781 des Armées Angloifes à l'Amérique Septentrionale, vous paroît incompréhenfible ; il eft cependant très-développé, dans un Livre imprimé avant le vôtre ; & de la plus grande authenticité dans la correfpondance des Miniftres & Généraux Anglois de terre & de mer en Amérique, mife au jour par ordre de la Chambre des Pairs d'Angleterre. Vous me dirés fans doute : je ne l'ai pas lue ; mais tout à l'heure votre Livre vous prouvera qu'elle vous étoit connue. Quoiqu'il en foit , vous pouviés , je dirai même que voulant être Hiftorien vous deviés la lire, & vous auriés vu que le plan de la campagne que vous n'avés pas compris étoit très-bon , & que fans M. le Comte de Graffe , il auroit eû fon effet au très - grand préjudice de la Caufe Américaine.

Le Lord Cornwalis n'eut point ordre de fe porter de Charles-Town à York-Town : il n'a été aux ordres du Général Clinton que lorfqu'il fut entré dans la Virginie. Alors il eut des ordres précis & réïtérés de former un établiffement à York-Town.

Vous fuppofés, & votre motif n'eft pas impénétrable, que Lord Cornwallis, *par ce mouvement ne pouvoit plus avoir de communication, ni avec ces places, ni avec fes magafins.* Elle ne lui fut coupée que le premier Septembre, par l'arrivée inattendue de toute la Flotte Françoife dans la Baye de Chefapeack. Alors elle débarqua 3400 hommes qu'elle avoit tranfporté de Saint Domingue, & qui fe porterent dès le 2 Septembre fur fes derrieres. Alors des détachemens de cette Flotte, s'emparerent des embouchures des Rivieres de James & d'York, & la pofition de ce Lord dût commencer à lui paroître très-critique : mais jufqu'alors (je ne parle que d'après la correfpondance ci-deffus citée,) il étoit fi fort le maître de fe porter par-tout où il vouloit, qu'il ravageoit toute la Virginie avec fa Flottille. Il devoit fe croire fi bien en toute fûreté, qu'il ne devoit pas ignorer, puifque le Général Clinton le favoit, que M. le Comte de Graffe avoit ordre de n'envoyer que dix à douze Vaiffeaux à l'Amérique Septentrionale, & que l'Amiral Hood devoit s'y porter avec dix-fept Vaif-

feaux , ce qui devoit maintenir la supériorité des Anglois dans ces mers , &
la communication du Lord Cornwallis.
Ainsi , Monsieur , vous voyés que le
projet de la campagne de 1781 étoit
très-bien conçu, puisqu'il l'étoit d'après
les connoissances que les Ministres Anglois avoient des ordres donnés au
Général François. Les Généraux Was-
hington & de Rochambeau craignoient
le succès de ce projet : le Cabinet de St.
James s'en flattoit ; & si M. le Comte
de Grasse ne l'eût pas déconcerté , les
Etats Américains du sud n'auroient pas
pu s'empêcher de rentrer sous le joug
Anglois , & toutes les forces de terre &
de mer de l'Angleterre, auroient soumis
le reste fort aisément la campagne sui-
vante.

Quel dommage que vous n'ayés pas
voulu lire ou faire usage de la corres-
pondance des Ministres & Généraux
Anglois que je vous ai cité, & où vous
avés cependant puisé (p. 30) le précis
des lettres des Généraux de terre & de
mer François & Américains , qui furent
interceptées par le Général Clinton !
Votre Histoire en auroit été mieux

raifonnée , & vous auriés rendu plus de juftice à M. le Comte de Graffè ; juftice que tous les Miniftres François & Anglois , & les Généraux de ces deux nations ainfi que le Général Was-hington , lui ont rendu & lui rendent encore.

En applaudiffant à l'éloge que vous faites (page 28) de M. le Marquis de la Fayette, qui en mérite de plus grands encore, il m'eft impoffible de vous paffer l'affertion de la page 29. *Il arriva auffi-tôt que Lord Cornwallis à York-Town , & fût le premier à lui couper tous les moyens de retraite.* Il eft affés brave , affés intelligent pour l'avoir fait ; mais le pouvoit-il avec 1500 hommes à fes ordres ? Il fut donc obligé de fe couvrir des attaques du Lord Cornwallis , en fe tenant derriere des Rivieres ; & il ne pût quitter cette pofition qu'à l'arrivée des 3400 François venus de St. Domin-gue, fans approcher beaucoup d'York-Town , où Lord Cornwallis fe fortifioit avant l'arrivée de l'Armée Americo-Françoife. Cela eft fi vrai , qu'on a re-proché à ce Lord, de n'avoir pas fufpendu fes travaux pour quelques jours , pour aller attaquer le corps de M. de la Fayette avant cette arrivée.

Vous dites enfuite que le Général Washington *forma le projet d'attaquer le Lord Cornwallis à York-Town, & de le faire prifonnier avec toute fon Armée :* mais pour exécuter ce projet, il falloit néceffairement une Armée navale ; il falloit un renfort d'infanterie ; il falloit mille autres chofes que ce Général n'avoit pas à fes ordres : & un grand homme de Guerre, comme ce Général, ne projette jamais ce qu'il fait ne pouvoir pas exécuter par lui-même. Il peut bien propofer fes idées d'attaque ou de défenfe : il en propofe même plufieurs plans, pour que ceux qui ont les moyens de leur réuffite choififfent. Si vous aviés voulu conferver dans votre Hiftoire, au véritable auteur du projet de l'expédition contre Lord Cornwallis, je ne dis pas la gloire de l'avoir formé, mais celle d'y avoir efficacement coopéré, vous n'en auriés pas fait le détail en quatre lignes, & vous auriés confulté le Journal de l'Armée navale en 1781 & 1782, imprimé à Amfterdam fix mois avant votre Livre : depuis la page 18 jufqu'à la page 81 , on affure que ce Journal eft exact en cette partie.

Ce n'étoit pas la peine de vous contredire à la page 32, pour blâmer fans aucun motif M. le Comte de Graffe, en ces termes : *le Général Clinton apprit que l'Armée qu'il alloit fecourir, avoit mis bas les armes lorfqu'il étoit encore bien éloigné d'elle ;* & quelques lignes plus bas. » Cette vaine oftentation » de fecours auroit pu avoir les fuites » les plus funeftes, *fi l'Amiral François eût été moins occupé, ou peut-être un peu plus actif.* On voit bien que ce *peut-être* n'eft pas un doute de votre part. Il auroit donc fallu que cet Amiral, pour que vous ne le taxaffiés pas d'inactivité, fit encore le Général Clinton prifonnier de Guerre, lors même *qu'il étoit encore bien éloigné* du Lord Cornwallis, & que pour le tenter, l'Armée navale ceffât fa fonction d'Armée d'obfervation , & fut au-devant de la Flotte Angloife qui portoit le fecours. Vous voulés donc que l'Amiral François eût compromis le fuccès du Siége, au hafard d'un nouveau combat naval inutile à fa réuffite; qu'il laiffât libre l'entrée de la Baye de

Chefapeack , & qu'il courut les rifques de ne pas rencontrer la Flotte Angloife, dans un tems de brume , dans une nuit obfcure , pendant laquelle cette Flotte auroit pu venir débarquer le fecours à l'embouchure de la Riviere d'York ou de celle de James.

Je m'étonne , d'après votre reproche d'une telle inactivité , que vous n'ayés pas fait à M. le Comte de Graffe celui d'avoir pris fa route de St. Domingue à la Baye de Chefapeack par le canal de Bahama. Ce canal , auriés vous dit , fi fréquent en naufrages , où les courants vous entraînent ; fi redouté par les Pilotes , où jamais Armée navale Françoife n'avoit paffé , & où l'Armée Angloife ne paffa que pour la premiere fois , & en tremblant en 1762. . . . Avoués que vous l'avés oublié, & que vous aviés à ce fujet , fans employer de *peut-être* mais feulement votre excufe ordinaire *je ne fuis pas Marin*, l'occafion de faire de bien belles obfervations *hafardées*.

C'eft fans doute pour n'en faire d'aucune efpece comme Lieutenant-Colonel d'infanterie (celles-la pourtant n'auroient pas été hafardées) que vous n'avés parlé que très- légérement ou dans une note, de l'infructueufe attaque de Savanah, & de la témérité de cette entreprife, dans la faifon de l'année la moins propre à tenir une Armée navale mouillée pendant deux mois fur cette côte, où par un vent de fud-eft elle auroit été en perdition.

Mais revenons à votre Hiftoire. Il falloit, dites-vous, (page 38) pour prendre Gibraltar, *trouver le moyen d'avoir fur mer des Batteries qui euffent la même confiftance, la même folidité que fur le continent.* Je m'attendois que vous alliés ajouter que cela étoit impoffible ; point du tout. Vous affurés que *c'eft ce qui a été exécuté avec beaucoup d'habileté par M. d'Arçon.* Enfuite vous racontés la deftruction & l'incendie, par les boulets rouges, de ces Batteries auffi folides que fi elles avoient été fur le continent. Vous attribués cet événement au peu d'éloignement de ces Batteries les unes des autres ; à la précipitation avec laquelle on voulût en faire ufage ; à l'oubli de fommer le Général Eliot de s'abftenir de boulets rouges, ce moyen de défenfe contre des vaiffeaux étant

ïnufité & profcrit parmi les Nations
policés. De bonne foi, Monfieur, eft-ce
là raifonner une Hiftoire ?

Mais je me hâte de parvenir à votre
chapitre ou feƈtion intitulée : *des Opérations maritimes*. Il étoit inutile que
vous répétaffiés que vous n'êtes pas
*Marin , & que vos obfervations ne font
qu'hafardées*. On l'auroit bien vu en vous
lifant, je vous en affure. Je foupçonne
que vous n'avés pas été auffi fincére
dans votre Préface , où l'on lit : *Si je
m'étois fenti agité par le moindre mouvement d'aucune paffion , je me ferois bien
gardé de prendre la plume .... J'ai dit le
bien avec le plus grand plaifir, & le mal
avec tant de regret , qu'il s'en faut bien
que j'aie dit tout celui que je pouvois
dire...... J'aurois voulu le taire , mais
l'hiftoire eft un tableau fidéle.* Nous allons
voir fi votre plume eft impartiale.

D'abord je trouve que depuis la page
63 jufqu'à la page 76, vous taifés fi fort
ce qui eft arrivé de malheureux pendant
les campagnes de 1778 & 1779 , que
les Orateurs du fiecle prochain qui feront
chargés de l'oraifon funébre de M. le
Comte d'Eftaing n'auront rien de mieux

à faire que d'emprunter vos expreſſions, ſur-tout vos tournures pour paroître tout dire & ne parler que de ce qu'ils voudront ; mais ils n'auront pas la mal-adreſſe de finir comme vous , par avouer *quelqu'inexactitude*. Il y en a donc dans votre récit de ces campagnes ; elles ſont donc volontaires ; vous êtes donc partial.

Vous rendés juſtice à M. le Comte d'Orvilliers, & vous regrettés qu'il ait quitté le ſervice du Roi. C'eſt penſer comme tout François , mais comment avés-vous pu dire (page 83) que la Flotte combinée qu'il commandoit, *connoiſſoit peu* la mer où elle naviguoit. Ne vous êtes-vous pas apperçu que c'étoit donner à entendre que ce Général la connoiſſoit peu ? Si ce défaut de connoiſſance entiere de la Manche tombe ſur la Flotte & non ſur le Général , eſt-ce ſur les Eſpagnols ou ſur les François, conjointement ou ſéparément ? Expliqués-vous donc, un Hiſtorien doit être clair.

Je ſuis bien éloigné de contredire tout le bien que vous dites de M. de la Motte-Piquet , que vous donnés pour Commandant de l'Eſcadre Françoiſe qui étoit au Fort Royal de la Martiniqueen 1780,

à

à l'arrivée de celle de M. le Comte de Guichen ; mais pour l'exactitude de l'Histoire, je dois vous dire que ce n'étoit pas M. de la Motte-Piquet, mais M. le Comte de Graffe qui la commandoit.

Vous ne faites combattre la Flotte aux ordres de M. le Comte de Guichen en 1780 qu'une feule fois (page 88); il ne vous en coutoit ni encre, ni papier de plus, pour dire qu'elle combattît trois fois celle aux ordres de l'Amiral Rodney, & vous auriés dit vrai.

Puifque vous avés voulu faire mention de la mort du Capitaine du vaiffeau hollandois, pris lors de la conquête de l'Ifle Saint-Euftache par l'Amiral Rodney, au moins falloit-il dire qu'il perdît la vie en défendant fon vaiffeau, puifque c'eft la vérité, & non pas *du chagrin du traitement qu'il éprouva & qu'on fît éprouver à fes compatriotes*; cela ne vous auroit pas empêché de chapitrer cet Amiral.

» M. le Comte de Graffe, dites-vous » page 98, étant arrivé *vers le milieu* » *du mois de Mai* à la Martinique, il y » eût deux combats qui ne deciderent » rien. *Il eft difficile de croire que l'Amiral*

B

» *François n'eût pas pû mieux faire* ».
M. de Graffe arriva le 28 Avril, il n'y
eut qu'un combat le 29, & il auroit fait
certainement mieux, fi le Commandant
de fon arriere-garde n'eût pas fait tenir le
vent à fa divifion contre les ordres de fon
Général. Vous négligés trop fouvent de
dater les événemens militaires que vous
racontés : mais quand vous les datés,
vous devriés les placer fous leur vraie
date, fur-tout celui-là, parce que vous
auriés pû ajouter quelque chofes d'inf-
tructif, en faifant obferver que cette
Flotte avec le nombreux Convoi qu'elle
efcortoit, a été la première à faire le
trajet de Breft au Fort-Royal de la Martinique en trente-fix jours, attendu que
le Général a le premier fait remorquer
par les vaiffeaux de ligne, & remor-
qué lui-même, les vaiffeaux les plus mau-
vais voiliers du Convoi. Mais vous aimés
mieux annoncer deux combats indécis,
quand il n'en a livré qu'un, & lui imputer
d'avoir pû mieux faire, quoique c'ait été
par la faute du Chef de fon arrière-garde.

C'eft dans le même efprit fans doute,
que vous n'employés que les trente-neuf
mots fuivants pour la fameufe Expé-

dition maritime d'York-Town. » M. le
» Comte de Graffe fe porta fur la Che-
» fapeack-pour exécuter la commiffion
» dont il étoit chargé contre l'Armée
» du Lord Cornwallis. . . . . *Il y eut
» encore dans cette occafion un de ces
» combats qui ne décident rien*». . . Vous
êtes, Monfieur, laconique à volonté,
car vous avés employé treize grandes
pages pour parler des campagnes, moins
que décifives, de 1778 & de 1779,
avec inexactitude, & vous gliffés très-
légérement fur l'opération la plus glorieufe que la Marine de France ait jamais
faite ; fur l'opération qui a été mieux
combinée que celle du Siége de Bruxelles
par M. le Maréchal de Saxe, puifque
celle d'York-Town l'a été entre deux
Armées, l'une à 700 lieues, l'autre à
200 de la Place conquife, devant laquelle elles arriverent à jour nommé ;
fur l'opération qui a rempli l'objet qui
avoit mis à la France les armes à la
main, & qui a néceffité la renonciation
de l'Angleterre à la fouveraineté des
Etats-Unis ; fur l'opération dont ces
Etats ont voulu tranfmettre la mémoire
à la poftérité, puifqu'ils l'ont placé fous

ſa date , dans l'exergue de la médaille qu'ils ont fait frapper à la paix , puiſqu'ils font élever à Yorck-Town une colonne qui perpétuera cette mémoire , & qui contiendra les noms des Généraux vainqueurs ; ſur l'opération dont tous les moyens néceſſaires pour la tenter , ont été crées en vingt jours par l'Amiral François , qui l'entreprit ſans ordre de ſa cour. Eh quoi ! Vous ne craignés pas d'appeller indéciſif un Combat naval par lequel le Général François repouſſa , avec perte d'un vaiſſeau de ligne Anglois brûlé , l'Armée ennemie qui vint troubler la circonvallation de la Place inveſtie ; vous n'avés donc pas voulu , Monſieur , écrire une Hiſtoire , car vous êtes évidemment partial. Vous avés encore moins voulu écrire une Hiſtoire raiſonnée , car vous exténués les événemens qui prêtent le plus à l'inſtruction : votre affectation eſt trop grande & trop marquée, les matériaux ne vous manquoient pas.

L'Amiral Kempenfeld , ſuivant la page 164 , n'avoit que ſix vaiſſeaux , lorſqu'il enleva trente vaiſſeaux du convoi François eſcorté par quinze vaiſſeaux

de ligne de la même Nation. Vous com-
mettés-là deux erreurs : l'Amiral Anglois
avoit 13 vaisseaux, & il n'y eut que de
14 à 16 vaisseaux du Convoi, amenés
dans les ports d'Angleterre & pris.

On diroit que vous vous êtes étudié à
être inexact : vous faites reconquérir
St Eustache après le retour de la Flotte
Françoise aux Antilles, tandis que ce
fut le jour même de son arrivée au Fort-
Royal de la Martinique ; & Démérary,
& Essequebo par un détachement de
cette Flotte, quoique ç'ait été par des
frégates & des troupes parties d'Europe.
Mais tout cela n'est rien, en comparaison
des observations que vous entassés au
sujet de l'expédition contre Saint-Chris-
tophe : Vous les avés rendu les plus spé-
cieuses que vous avez pu, tout en disant
qu'elles ne sont qu'hasardées : vous ne les
croyés pas telles, quoique vous en disiés ;
mais je vais vous prouver qu'elles sont
plus qu'hasardées, en les rapportant
toutes, & en leur conservant toute leur
force apparente.

*L'Amiral Hood eut l'adresse de gagner
la baye de Basse-terre & de s'y embosser.*
Il se garda bien d'y entrer ; il auroit été

foudroyé par les Batteries de Terre &
par celles de Vieux-Fort qui la défendent,
que les François avoient trouvé toutes
montées. Mais il mouilla & s'embossa
sur la côte de cette Isle, au vent de cette
baye, entre la hauteur du Morne *noir*
(suivant le grande Carte de M. Belin de
1758) & la Montague à lézards.

Après la manœuvre de l' Amiral Hood,
M. le Marquis de Bouillé n'avoit plus de
relation avec la Flotte Françoise, & il
s'est trouvé fort long-tems entre deux feux.
C'est précisément tout le contraire, car
Brimstonhill est à plus de quatre lieues
sous le vent du mouillage de l'Amiral Anglois, & la Flotte Françoise étant restée
sous voile devant ce mouillage, elle assu-
roit par-là, beaucoup mieux que si elle
étoit restée à la baye de Basse-terre, la
communication des Troupes du Siége,
tant avec l'Armée navale, qu'avec toutes
les Isles Françoises d'alentour, d'où les
Troupes du Siége tiroient leur subsistance.
L'Armée navale Françoise coupoit au
contraire si bien la communication de
l'Armée de l'Amiral Hood, avec les Isles
Angloises de la Barbade & d'Antigues,
qu'après les trois attaques de l'Armée

Angloife par la Françoife , dont vous ne parlés pas , & après que les Troupes angloifes de débarquement eurent été re-pouffées & rembarquées , l'Amiral Hood envoya fon Capitaine de Pavillon à M. le Comte de Graffe , fur un canot par-lémentaire , pour obtenir fon agrément de renvoyer tous fes bleffés à Antigues ; ce que l'humanité de l'Amiral François lui accorda.

Dès que le Fort fut pris la Flotte An-gloife fe retira fans le moindre accident ; & c'eft pour prouver que la chofe eft *très-extraordinaire* , que vous faites des réflexions fi lumineufes , à votre avis , que vous les foumettés avec confiance à l'examen *des gens du métier.* J'efpére que ceux-ci & même ceux qui n'en font pas , feront plus fatisfaits de mes réponfes.

Une Flotte emboffée eft celle dont cha-que vaiffeau eft arrêté par des ancres, & ferré l'un à la fuite de l'autre , préfentant tous le travers à l'ennemi. Cette défini-tion d'une Flotte emboffée eft meilleure que la vôtre. *Une Flotte dans cette pofi-tion a befoin de beaucoup de tems pour remettre à la voile , parce qu'il lui faut*

beaucoup plus de tems pour lever fes ancres.
Oui, fi elle les releve, mais non, fi elle
coupe les cables qui tiennent à les ancres ; & c'eft précifément ce que fit
l'Amiral Hood , quoique vous difiés le
contraire. Cet Amiral mérite plus de foi
que vous, & il l'affure dans fa lettre à
l'Amirauté d'Angleterre. Ainfi tout votre
magnifique raifonnement tombe par le
fait que vous transformés du blanc au
noir, & dont toutes les Gazettes du tems
ont pu vous inftruire.

La retraite faine & fauve de l'Amiral
Hood a fait dire (prétendés-vous) à M.
le Marquis de Bouillé : *cela n'étoit pas
dans la capitulation de Brimftonhill.* Ce
farcafme ne peut pas être forti de la
bouche de M. de Bouillé ; indépen-
damment de l'amitié & de l'eftime
qu'il a toujours eue & qu'il conferve
pour M. le Comte de Graffe, M.
de Bouillé & les deux Armées favoient
bien que fi cette capitulation n'a pas
été retardée, c'eft parce que M. de
Graffe voulut bien, quoiqu'en préfence d'une Flotte ennemie, faire
défarmer le vaiffeau le *Caton* de fon
artillerie de vingt-quatre livres de balles,

pour remplacer à l'Armée du Siége celle de ce calibre qui avoit fait naufrage sur la côte, & sans laquelle on n'auroit pas pû battre le fort en brêche.

Tout le long raisonnement qui est à la suite de cette anecdote controuvée, & attribuée à M. de Bouillé pour lui donner plus de poids, tend à établir en fait deux choses également fausses : la première, que M. le Comte de Grasse n'a point tenté d'attaque de la Flotte ennemie embossée, & il en fit jusqu'à deux dans le même jour ; la seconde, qu'il étoit facile & immanquable de la détruire en l'attaquant par ses flancs, & que dans cette position une Flotte, même inférieure, est suffisante pour s'emparer de chaque vaisseau d'une Flotte supérieure, l'un après l'autre. Cela n'est possible que dans le cas ou deux vaisseaux de la Flotte attaquante, par un vice de l'embossement de la Flotte attaquée, peuvent passer l'un entre la terre & le vaisseau du flanc de la Flotte embossée, & l'autre le long de l'autre travers du même vaisseau, pour le mettre ainsi entre deux feux ; alors la Flotte embossée seroit prise un vaisseau, après l'autre, fi elle ne coupoit pas promptement les cables pour fe mettre à la voile. Mais dans l'embofsement de l'Amiral Hood, on ne pouvoit pas pafser entre la terre & fa Flotte, parce qu'il étoit formé, les vaifseaux très-ferrés à la fuite les uns des autres, en efpèce de demi-cercle, & que les vaifseaux des ailes étoient tous les deux mouillés aufsi près de terre que la profondeur de la mer avoit pû le leur permettre; ainfi, Monfieur, votre reproche tombe par le-fait de la perfection de l'embofsement ordonné par l'Amiral Hood. Vous amenés fort mal-à-propos, ce me femble, M. le Comte d'Eftaing devant l'Amiral Barington à Sainte Lucie, à l'appui de votre reproche contre M. le Comte de Grafse; & vous dites plus vrai que vous ne penfés, en écrivant : *la pofition de l'Amiral Hood dans la rade de la Bafse-terre, étoit bien différente de celle de M. Barington dans le port de Sainte-Lucie*, car cette différence eft contre M. le Comte d'Eftaing & pour M. le Comte de Grafse, & pour l'Amiral Hood contre M. Barington.

L'Amiral Hood, quoique hors de la baye de la Bafse-terre étoit bien embofsé,

& fut néanmoins attaqué. M. Barington
dans l'anse du Grand Carénage, & non
dans le port de Sainte-Lucie, n'y étoit
que très-mal embossé, avec de grands
intervalles entre ses sept vaisseaux : car il
n'en avoit que sept. Il n'avoit pas encore
établi des Batteries sur la côte, la première fois que M. le Comte d'Estaing
se proposa de l'attaquer, & cependant
il ne le fut pas. Le Grand Carénage est
une anse très-ouverte, qui ne permettoit
pas à M. Barrington de former avec
ses sept vaisseaux un embossement tel que
la formèrent les vingt-deux vaisseaux de
l'Amiral Hood ; cependant la supériorité
de M. le Comte d'Estaing sur M. Barington étoit proportionnellement plus
grande, que celle de M. le Comte de
Grasse sur l'Amiral Hood ; l'un a attaqué deux fois dans le même jour l'Es-
cadre ennemie, l'autre ne l'a pas attaqué du tout. Il n'y avoit donc point de
comparaison à faire, ni entre les deux
positions, ni entre les deux événemens ;
car dans l'un, il y a une Isle importante,
prise, & dans l'autre, une Isle précieuse
par son assiette, manquée.

Il me reste à laver le Comte de Grasse

du reproche de n'avoir pas brûlé la Flotte de l'Amiral Hood dans son mouillage, puisqu'elle ne pouvoit faire aucun mouvement étant embossée, pour s'en garantir. 1°. Pour brûler une Flotte embossée, il faut avoir des bâtimens appelés brûlots, & il n'y en avoit point dans l'Armée Françoise, & moins encore des bâtimens propres à en tenir lieu, ni des matieres pour les établir ; 2°. quand même il y en auroit eû, il auroit été impossible qu'ils brûlassent cette Flotte, par une raison sans replique ; pour la brûler, il falloit que plusieurs ou au moins un de ces petits bâtimens incendiaires, pût en approcher : & pour cela, il falloit qu'ils allassent contre le vent d'Est qui regne continuellement dans ces parages, & comme l'on dit *au plus près du vent*. Pour exécuter cette manœuvre, il faut courir des bords, tantôt à droite, tantôt à gauche, & marcher pour ainsi dire en zig-zag ; le brûlot auroit présenté souvent le travers à plusieurs des vaisseaux pendant qu'il auroit été à la portée de leur canon & avant que de les atteindre. Ainsi il est démontré qu'il auroit été totalement dégrée par la nombreuse

artillerie de ces vaiſſeaux , & qu'ainſi ,
où il n'auroit jamais pû achever d'aller
au plus près & les accrocher , ou il
auroit été coulé bas. Les brûlots ne peuvent être employés avec eſpoir de ſuc-
cès , que quand ils ont le vent en poupe ,
parce qu'alors , quoique dégrées , ils
arrivent s'ils ne ſont pas coulés bas.
Apparamment lorſque les Ruſſes brû-
lèrent les vaiſſeaux Turcs, leurs brûlots
pouvoient aller vent arrière , mais à
Saint-Chriſtophe les brûlots François ne
l'auroient pas pû.

Actuellement je vais vous dire pourquoi & comment l'Amiral Hood s'é-
chappa de ſon mouillage ſans coup férir,
après que Brimſtonhill eût capitulé ;
le jour de cette capitulation , la Flotte
Françoiſe n'avoit plus que pour vingt-
quatre heures de vivres , & des muni-
tions de guerre que pour quelques heures
de combat ; (les trois précédens livrés
en deux jours, les avoient conſidérable-
ment diminués). Il arriva le même jour
des vivres à Nièves , qui eſt à une lieue
& demie de Saint-Chriſtophe. Le Général François s'empreſſa de munir ſa Flotte
de ce premier & plus preſſant beſoin ;

il fut mouiller à Nièves, pour que le ver-
fement des vivres dans les vaiffeaux fût
fait plus promptement qu'il n'auroit pû
l'être fous voile, & pour revenir plutôt
obferver d'auffi près qu'auparavant la
Flotte Angloife. Tant que le jour dura,
elle ne donna aucun figne de départ
prochain, & l'Amiral Hood ne fit aucun
fignal ; la nuit venue, il alluma fes
feux ordinaires , mais fur des petits
bâtimens qui les gardèrent. Bientôt après
il coupa fes cables , abandonna fes ancres, fe laiffa aller au vent, & pendant
le refte de la nuit il fit vent arrière ,
de forte qu'au jour la Flotte Françoife,
fes vivres étant faits , fe feroit flattée
vainement de l'atteindre.

Vous voyés , Monfieur, que je n'ai
laiffé aucune de vos obfervations fur
l'événement que vous prétendés être *très-
extraordinaire* , fans une réponfe très-
pertinente , & que je n'ai emploié aucuns
termes de marine, afin d'être intelligible
à tout le monde, comme vous le défirés
page 149 : fachés pourtant que tous les
arts , dans toutes les langues, ont leurs
termes propres & que tout bon Hiftorien doit les entendre.

Vous regardés (page 112) le Combat naval du 9 Avril 1782 comme *de peu d'importance & fans aucun avantage de part ni d'autre ;* il étoit cependant de la plus grande importance, qu'un Convoi nombreux qui portoit à Saint-Domingue des vivres pour l'Armée tranfportée fur la Flotte, & pour cette Colonie, ne devint pas la proie d'un ennemi fupérieur à la Flotte Françoife ; & c'eft ce qui fut opéré par l'avant garde Françoife, qui repouffa un nombre fupérieur de vaiffeaux ennemis.

Vous penfez que M. le Comte de Graffe, le 12 Avril au matin, auroit dû abandonner aux ennemis le vaiffeau de fa Flotte, qui fe trouvoit beaucoup plus près d'eux que de l'Armée Françoife ; vous donnés, par cette opinion, la preuve la plus complette que vous n'êtes pas un marin ; car aucun homme de cet état, même depuis l'événement du combat, n'a penfé comme vous ; je dis plus : cette opinion, dans la même hypothèfe fur terre, eft contre toutes les notions militaires ; car pendant une marche, un Général n'abandonne pas fans combat un détachement de mille hommes, qui n'auroit pas pû rejoindre son Armée : la garnison d'un vaisseau avec ses Matelots & des Troupes de débarque- ment, formoient au moins ce nombre. Après l'issue du combat du 9, on pou- voit l'offrir le 12 avec plus de confiance, sur-tout l'ayant offert le 11 pour sauver deux vaisseaux François & ayant été refusé ; ainsi, plus par cette manœuvre on avoit garanti de vaisseaux le 9 & le 11, moins on devoit se dispenser de l'ordonner le 12.

Vous taisés que ce vaisseau sauvé le 12 Avril avoit abordé *la Ville de Paris* ; que dans cet abordage, leurs manœuvres s'étant mêlées les unes dans les autres, ils avoient nécessairement dérivé, tandis que le reste de l'Armée, que la nuit empêchoit de voir, avoit continué sa route au vent de ces deux vaisseaux. Que dis-je ? Non-seulement vous le taisés, mais de la séparation involontaire de ces deux vaisseaux de l'Armée, vous prêtés au Général, *d'avoir marché lui-même au secours de ce vaisseau,* pour pouvoir dire ensuite avec plus de vraisemblance & non pas de vérité, que *ce mouvement dérangea totalement son ordre*

de

de bataille, tandis que l'Armée Françoise étoit en ligne & le Général à son
poste au centre, dès avant que le combat
commençât. *Les élémens*, ajoutés-vous
tout de suite, *concoururent à rendre ce*
mouvement plus funeste ; mais s'il n'a
pas eû lieu, il n'a pu être plus funeste,
malgré la variation des vents réellement
survenue. *Il y eut des calmes*, pour-
suivés-vous, *qui arrêterent la Flotte*
Françoise & l'empêcherent d'aller au secours
de son Amiral. Ces calmes ne regnerent
donc que sur la Flotte Françoise, car
cet Amiral fut entouré par un nombre
de vaisseaux Ennemis très-supérieur,
dont quatre de sa force ; & tandis que
six ou sept vaisseaux François tenoient
le vent & combattoient pour le secou-
rir, les autres faisoient vent arriere avec
plus ou moins de voiles. Sont-ce là des
manœuvres que les calmes puissent permettre ? Votre relation semble faite à
plaisir pour attribuer la perte de la
bataille, aux vents, aux calmes, mais
sur-tout au Général.

Il est vrai que vers le milieu du
combat, à environ midi & demi, il
survint un calme plat ; mais il ne dura

qu'à peu-près trois quarts d'heure ; &
la Ville de Paris ne fut dans la néceſſité
de ſe rendre qu'à ſept heures du ſoir.
Son naufrage après avoir été remorquée
& enſuite réparée à la Jamaïque, prouve
aſſés qu'elle n'avoit plus été en état de
combattre ; & l'heure à laquelle elle
amena , prouve encore que les calmes
n'empêcherent pas de la ſecourir.

Au reſte l'iſſue du Conſeil de Guerre
aſſemblé par ordre du Roi au Port de
l'Orient , nous apprendra , ſi comme
vous le dites , la perte de la bataille eſt
dûe au prétendu mouvement fait par
l'Amiral pour aller lui-même au ſecours
d'un vaiſſeau de ſa Flotte ; ſi ce prétendu
mouvement dérangea totalement ſon
ordre de bataille ; ſi les calmes empêcherent la Flotte Françoiſe d'aller au
ſecours de ſon Amiral ; & ſi *c'eſt faire*
l'éloge le plus complet de M. de Bougain-
ville , que d'annoncer l'eſtime & l'amitié
que M. le Comte d'Eſtaing a pour lui
(page 114). En attendant il eſt certain,
qu'après le combat, il ne ſe retira pas à
St. Euſtache *pour réparer les dommages*
extraordinaires qu'il avoit reçus ; que ces
dommages n'étoient pas ſi extraordi-

naires, puifqu'il les répara fous voiles, & que depuis deux heures après-midi, il ne tira ni ne reçut aucun coup de canon.

Dans le refte de votre narration des opérations maritimes de 1782, l'Amiral Howe n'eft pas traité plus impartiale-ment. Vous ne niés point qu'il n'ait fecouru Gibraltar en préfence de l'Armée combinée; qu'entraîné par les vents dans la Méditerranée, & fuivi par fes Ennemis très-fupérieurs à lui, il n'en foit refforti fans avoir été obligé de combattre; qu'il n'ait enfuite combattu fans défavantage, au fortir du détroit, la partie de l'Armée combinée qui le joignit, & qu'il ne fe retirât devant elle, mais en ordre de bataille, avant que le refte de cette Armée fe fût ralliée. Vous parlés de tous ces faits à votre maniere, & vous ne blâmés pas moins cet Amiral : vous êtes difficile à contenter.

Vous pourfuivés M. le Comte de Graffe jufqu'à Londres, quoique fon arrivée en cette ville ne foit pas une opération militaire maritime ; & vous l'y pourfuivés, fans dire que le Roi lui fit la faveur de lui faire préparer & offrir un appartement à St. James. Vous affirmés *qu'il s'eft montré fouvent fur fon balcon au peuple affemblé* (page 120), tandis qu'il n'y en avoit point à la maifon qu'il occupoit & que le Roi avoit fait louer pour fon compte, lorfque Sa Majefté agréa les excufes du Général prifonnier de n'avoir pas logé dans fon Palais. *Il a été préfenté au Roi ;* c'étoit bien le cas de le remercier des bontés honorables dont il le combloit. Il s'eft fait voir *à la bourfe, dans les promenades ;* vouliés-vous qu'il fe cachat ? *Sa com-plaifance étoit toujours payée d'un cri général de* huzza *répété à plufieurs reprifes ;* non, Monfieur, le cri du Peuple anglois étoit *gallant, gallant,* (qui veut dire brave) *Comte de Graffe.* Ainfi le *peuple dans fon enchantement ne difoit pas qu'il avoit l'air Anglois,* puifqu'il ne l'a pas, mais il lui reconnoiffoit, quoique François, des qualités qu'il fe perfuade poffèder, ou fupérieurement ou exclufivement aux François.

Enfin, vous terminés l'article des *opérations maritimes* par cette phrafe peu réflechie : *la France avoit effuié pendant cette campagne des pertes confidérables ; elle n'avoit perdu aucune de fes con-*

quêtes, on n'en avoit point fait fur elle, la mer avoit englouti prefque tous les vaiffeaux pris dans les combats, ainfi point de pertes affés confidérables pour faire la paix de la part de la France. » C'eft dans ces circonftances *difficiles* » qu'elle a jetté les yeux fur le feul » homme qui put les réparer; fur M. » le Comte d'Eftaing. Mais la paix » furvenue bientôt après, l'a empêché » de terminer la guerre *avec autant de* » *gloire qu'il l'avoit commencée.* Comment, Monfieur, vous en voulés auffi à M. le Comte d'Eftaing; car cette phrafe pompeufe fignifie feulement que la campagne que M. le Comte d'Eftaing auroit faite, fans la conclufion de la paix, auroit été auffi glorieufe pour lui & auffi utile pour la France, que celle de 1778 & 1779. Quoi! vous prétendés qu'il n'eût pas mieux fait en 1783 : je n'en crois rien, & vous ne le croyés pas vous-même, lorfque vous avés voulu donner une idée de fa gloire future par fa gloire paffée.

C'eft tout comme quand vous dites (page 147) au fujet des combats de mer; *pourquoi fait-on la guerre ? Eft-ce pour faire semblant de se battre ?* Vous infultés également la bravoure des François & des Anglois, & fans doute ce n'a pas été votre intention.

Vous croyés auffi avoir dit une chofe fublime, lorfque vous avés établi en maxime (page 55) que *l'adulation ne peut être bonne que vis-à-vis des perfonnes médiocres ; elle diminue toujours & affoiblit la gloire des grands hommes.* Vous avés fait le procès à votre Hiftoire, car la conféquence de cette maxime, eft que tous ceux que vous y avés loués par adulation font des hommes médiocres, & que vous avés affoibli & diminué la gloire des grands hommes dont vous avés parlé avec éloge.

Au furplus, Monfieur, comme je ne fuis pas plus Politique que vous Marin ; comme les événemens de la guerre dans l'Inde ne font pas encore affés développés ; comme je n'ai jamais été en Angleterre, ni en prifon à *Bridwell*, & que je ne connois par moi-même, ni les mœurs anciennes, ni les mœurs aftuelles des Anglois, je ne veux pas vous imiter en hafardant d'autres obfervations fur le refte de vôtre Livre. Je termine ma lettre déjà trop longue, & j'ai l'honneur d'être, Monfieur, votre très-obéiffant Serviteur L. S. C.

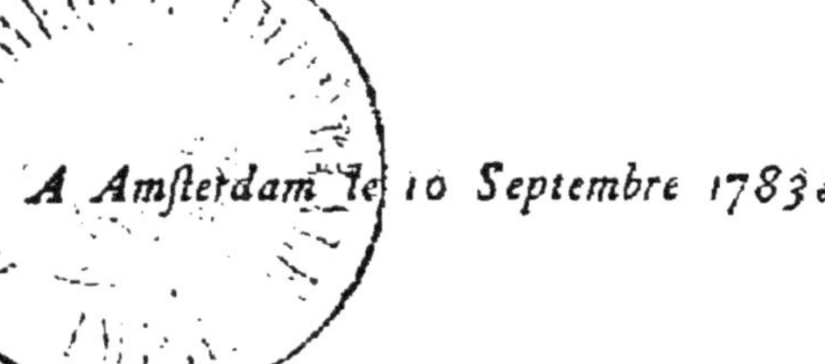

A Amfterdam le 10 Septembre 1783.